AF191242

Ja waas?

Notizbuch mit 7 mm Linien und Katzen Grafiken

Kurt Heppke

Bibliografische Information der Deutschen
Nationalbibliothek:
Die Deutsche Nationalbibliothek verzeichnet diese
Publikation in der Deutschen Nationalbibliografie;
detaillierte bibliografische Daten sind im Internet über
http://dnb.dnb.de abrufbar.

Herstellung und Verlag: BoD – Books on Demand,
Norderstedt

ISBN: 978-3-7562-1099-2

Dieses Buch gehört

Mehr von mir können Sie hier finden:
https://www.kurtheppke.com/